Lucie F. F.

PROMENADES

FLORENTINES

HAVRE

Imprimerie du Journal LE HAVRE (L. Murer)

35, Rue Fontenelle, 35

1891

PROMENADES

FLORENTINES

FLORENCE

———

I

En étendue, c'est une ville comme une autre. Et cependant elle a de quoi illustrer tout un grand peuple. Dante, Pétrarque, Boccace, Donatello, Brunelleschi, Ghiberti, Michel-Ange, Benvenuto Cellini, Léonard de Vinci, Savonarole, Machiavel, Galilée, ces noms, en glorieux essaim, vous reviennent à la pensée. Cela bourdonne dans votre mémoire et vous cause une sorte d'éblouissement.

Une caresse de soleil matinal flatte doucement les vieux palais austères, construits de blocs rugueux, dont les lourdes assises disparaissent sous les frêles étalages embaumés des marchands de fleurs. Florence — son nom l'indique — est la ville des fleurs ; elle fut, dit-on, construite sur l'emplacement d'un champ de lys ; aujourd'hui même, paraît-il, les lys y poussent à l'état inculte ; sa cathédrale s'appelle Santa-Maria del Fiore : tout ce qui n'est pas grand, sublime ou terrible doit être aimable en elle. Le charme des muguets, des roses, des lilas met une note souriante au pied des édifices, sans que cela jure avec leur aspect vénérable. D'ailleurs, les fleurs sont de tous les âges : elles comptent parmi les choses qui passent le plus et qui changent le moins.

Les gens que nous coudoyons dans la rue ressemblent à ceux que nous coudoyons tous les jours, et je ne songe pas, en ce cadre, aux disparates de nos costumes, de nos habitudes. Est-ce que le présent ne s'efface pas en regard d'un tel passé ? Je me souviens de l'impression que me fit éprouver Nuremberg : cette ville s'accommode si mal de l'âme étrangère — l'âme moderne — qui lui fut imposée dans un nouvel Avatar !

Mais, ici, tout nous plaît, parce que la divine élégance florentine a mis partout son empreinte qui nous sourit, dans des délicatesses exquises, parmi l'âpreté des pierres massives. Je remarque la muraille hérissée, rébarbative, d'un palais ancien. Cependant, là-haut, s'épanouit une fine loggia de marbre, et, tout près, quelque écusson gracieux timbre cette muraille du cachet florentin.

Voici la place Della Signoria. La fontaine — un robuste personnage de marbre, entouré de figures Renaissance (style de la Décadence), aux membres allongés, exposés dans la nonchalance des attitudes ou l'élan des mouvements — se détache sur le fond austère que lui fait la façade de l'Hôtel-de-Ville ou Palais-Vieux.

Ce bâtiment est digne des âges qui l'ont vu s'élever, où l'on s'enfermait chez soi pour se protéger contre l'ennemi, où la maison ressemblait à la forteresse et devait être un refuge au milieu de l'enchevêtrement d'intrigues, de complots, de meurtres, de trahisons, qui s'étendait sur les rues comme sur les campagnes, enlaçant de son réseau sanglant toutes les merveilleuses floraisons de l'art et de la nature. Des armes décorent l'Hôtel-de-Ville ; c'est d'abord le lys blanc sur champ rouge, blason originaire de Florence ; puis le lys rouge sur champ blanc, ainsi modifié par les Gibelins ; enfin, on peut remarquer le monogramme du Christ, car un certain Nicolas Capponi, pour calmer ses compatriotes, fit proclamer Jésus-Christ, roi des Florentins. Les émeutes ont grondé autour de cette construction robuste ; des massacres l'ont inondée de sang ; elle a contemplé le supplice de Savonarole, brûlé sur l'emplacement même de la fête qu'il célébra plusieurs années auparavant, un jour de carnaval, en jetant au feu tous les objets précieux, qui, selon lui, détournaient de la voie céleste.

Nous entrons dans la cour du Palais-Vieux ; des colonnes vigoureuses y sont revêtues des plus fines, des plus délicates ciselures : c'est la force, que l'imagination habille de broderies charmantes. Au milieu de la lutte, tous les rêves qui s'échappaient des logis sombres et clos s'envolaient vers le beau éternel ; il fallait une diversion. Cette cour est l'écrin d'un amour de petite fontaine, toute gracieuse, toute légère, surmontée d'une statuette de Vérocchio. Maintenant, nous retrouvons la place et nous nous arrêtons à la *loggia de Lanzi*, appelée aussi *loggia d'Orcagna*, du nom de l'artiste célèbre auquel on la doit. Là, sont la *Judith* de Donatello, et le *Persée* de Benvenuto Cellini. Judith, œuvre d'un art encore naïf, possède un délicieux visage. Quant au Persée, il nous montre un rayon de la beauté antique, pleinement dégagé de toutes les brumes que le Moyen-Age avait laissées s'amonceler. Le héros est élégant, beau, fier, d'une divine élégance, d'une beauté victorieuse, d'une superbe fierté. Une de ses mains élève la tête de la Gorgone ; des serpents s'enchevêtrent dans la chevelure du monstre ; mais cette figure morte nous semble tragiquement belle. Dans le piédestal s'abritent des statuettes délicates et charmantes. Le casque de Persée, minutieusement ouvragé, forme par derrière une espèce de masque, dont les cheveux font la barbe — par quelle fantaisie, quel bizarre amusement du maître ?

Des groupes de mendiants, indifférents aux merveilles qui les entourent, se reposent parmi les chefs-d'œuvre, les trésors de bronze et de marbre. Un dos couvert de haillons s'appuie contre un délicieux bas-relief, et ces choses, que des princes rêveraient en vain pour leurs galeries, semblent la propriété de ces pauvres hères. Cependant Persée a-t-il jamais donné la moindre joie à leurs yeux ? Je pense aux inscriptions étrusques, que nul ne peut déchiffrer, où palpitaient pourtant des souvenirs ou des espoirs, et qui sont des choses inutiles, deux fois mortes entre les mains de leurs possesseurs. Tout artiste est un virtuose impuissant, s'il ne possède son instrument. Et son instrument, c'est notre âme, sur les fibres de laquelle il joue.

Visite au palais Bargello, qu'on appelle aussi le *Musée National*. La cour, d'une élégance austère ; la masse des figurines, des bas-reliefs, des écussons, qui décorent cet édifice ; l'escalier extérieur, d'aspect solennel, tout cela nous arrête avant que nous pénétrions dans le musée, et l'on évoque une apparition rapide d'hommes d'armes rangés au bas de cet escalier, tandis que descend le Maître — quelque beau Florentin.

A l'intérieur, c'est d'abord Donatello qui nous captive, par ses rêves intimes et charmants. Voici le *David*, d'une expression biblique, d'une adorable simplicité. « Le Seigneur agissait en moi, semble-t-il dire. Il est tout naturel que j'aie triomphé. »

Puis, un bas-relief nous montre un exquis profil d'enfant : le petit Saint-Jean-Baptiste, doux et sérieux comme un prédestiné, sa bouche mignonne entr'ouverte avec une grâce naïve. Saint-Jean ayant grandi, nous le retrouvons, couvert d'une peau de bête, et, dans sa saisissante maigreur de marbre, marchant, allant droit devant lui. Comme il est bien l'homme du désert et comme il marche ! Ce mouvement, il semble que personne ne l'arrêtera. Les yeux fixés sur un but, il va tout droit, sans s'inquiéter de ce qu'il peut renverser en chemin, ni des obstacles qui surgiront peut-être sur la route ; il marche ; sa mission est de marcher, d'aller en avant ; il est le Précurseur, celui qui prépare les voies du Seigneur, comme dit l'Evangile.

Une tête de jeune fille, gracieuse et vivante, nous fait comprendre la séduction du type florentin. Au fond de la salle est l'*Adonis mou-rant*, de Michel-Ange. Enfin un personnage très beau, très élégant, connaissant sans doute son élégance et sa beauté dans l'arrangement soigné de ses draperies, également appelé *David*, bien qu'il n'ait rien de biblique, nous donne encore un spécimen de l'art charmant de Donatello.

Au premier étage, une délicieuse tête d'enfant : il faut voir l'attache délicate de ce petit cou, si frêle, et la lèvre supérieure, un peu gonflée et projetée en avant, adorablement enfantine ! Puis le buste d'un personnage étrange, que l'on prit longtemps pour Machiavel ; il est impossible de trouver, empreinte dans le marbre, une plus vivante individualité, révélée d'ailleurs par chaque détail : par le cou long et mince, par la bouche énorme, extraordinairement saillante. Qu'il soit Machiavel ou non, il inspire l'envie de connaître son histoire. Enfin, le superbe *Médicis*, de Benvenuto Cellini, dont la cuirasse est amoureusement ouvragée par le maître ciseleur ; le grandiose *Brutus*, de Michel-Ange ; l'aérien *Mercure*, de Bologne, et des têtes de jeunes femmes, d'une finesse si achevée !

. . . .

Le *Tombeau des Médicis :* d'abord, une salle immense, d'une élévation prodigieuse, d'une richesse écrasante avec un dévergondage de marbres — marbres de toute sorte et de toute nuance — et dans laquelle on voit errer quelques mouches humaines. Ensuite, dans une pièce grande à peine comme un salon parisien : le *Jour*, la *Nuit*, l'*Aurore*, le *Crépuscule*, le *Penseur*, une *Vierge*, la statue de *Laurent de Médicis*, par Michel-Ange !

Le *Jour* est représenté sous la figure d'un homme couché, qui nous montre son dos. On ne peut imaginer quel degré de force matérielle et d'effroyable malaise exprime ce dos inachevé, dans sa position torturée.

Le *Crépuscule,* qui se trouve vis-à-vis, est un personnage aux muscles terriblement puissants.

La *Nuit,* une femme vigoureuse, dort, la tête appuyée sur la main, dans une pose d'abattement, d'accablement, ayant à ses pieds une chouette et des pavots.

« La Nuit que tu vois dormir, dit un sonnet de l'époque, un ange la sculpta dans la pierre. Elle dort. Parle-lui, elle s'éveillera. »

Michel-Ange répondit, donnant la parole à sa statue :

« Il m'est doux de dormir, il m'est doux d'être de pierre, tant que dureront les jours de malheur et de honte. C'est pourquoi ne m'éveille pas. De grâce, parle bas ! »

En effet, toutes les angoisses, toutes les lassitudes de l'humanité qui peine, produisent le repos dans lequel elles s'effondrent. Cette femme est-elle tranquille ? Ou bien Sully-Prudhomme a-t-il deviné juste en disant :

Un souvenir du Jour obsède son repos.

Et s'adressant au maître :

Tu le savais, rêver, c'est encore souffrir,
Et nul ne dort si bien, qu'il n'ait plus à mourir.

Sans doute, le sommeil, — ce sommeil nourri d'angoisses et de fatigues — la possède tout entière en ce moment ; mais le rêve voltige peut-être autour d'elle, et l'on sent

que, s'il vient se poser sur ce front, le rêve
sera triste, que le réveil sera toujours accueilli
par un soupir douloureux. Une immense
pitié s'attache à cette figure de femme endor-
mie, pitié du maître pour lui-même, pour
Florence, pour l'humanité — pour tout ce
qui veille et souffre.

L'*Aurore* est plus affinée, de formes plus
délicates, toujours dans l'élégant allongement
cher à la Renaissance, pleine d'une grâce
noble et tragique, et son adorable visage de
marbre exprime une douleur profonde, tout
intellectuelle et morale.

L'âme palpite en elle, à travers sa beauté
sublime, que la douleur empreint d'un caractère plus élevé au lieu de l'amoindrir.

Laurent de Médicis se présente sous la
figure d'un beau guerrier hautain ; une
Vierge de marbre, exquise, tient l'enfant
Jésus dans un mouvement de lignes grandioses
et tourmentées ; enfin, parmi ces figures de
tombeau, muettes et vivantes cependant par
le souffle de l'éternelle beauté, gardiennes
superbes d'une pensée immortelle, glorieuse-
ment torturées et indomptablement grandes,

le *Penseur* médite, impassible. De tout ce que sa voix devait taire, de tout ce que son cœur devait refouler, des souffrances de son âme prodigieuse, et des consolations sévères de la pensée qui se replie sur elle-même, trouvant en elle un refuge inviolé, Michel-Ange a créé ces êtres.

. . . .

En passant, salut au *Saint-Georges* de Donatello, qui habite une niche extérieure d'église, et qui est un beau Florentin, admirablement élégant, dédaigneux et raffiné.

. . . .

San-Miniato. Ciel doux, voilé de gris ; des tombes ; des voix aigrelettes d'enfants, qui montent en cantique et partent de je ne sais quel endroit. Panorama de Florence : la ville charmante montre sa silhouette, se mirant dans l'Arno et se détachant sur un fond d'Apennins. Ses toits de tuiles lui donnent un petit air de rouille, de vétusté, qui plaît, très doux dans toute cette douceur grise, un peu effacée et mélancolique. Florence, même de loin, a quelque chose de fin et de noble. Le mot *douceur* est celui qui me vient à l'esprit à tout propos, tant c'est la note dominante en ce moment. Une campagne gracieuse forme cadre. Palais, églises, couvents agglomérés. Des villas s'éparpillent, sur lesquelles les cyprès jettent une pensée de deuil. Il faut voir tout cela transfiguré par la gloire du soleil couchant : les tuiles rosées, les montagnes d'or et de pourpre, l'apothéose de Florence !

San Miniato date du XIe siècle ; cette église est construite avec des débris de monuments appartenant à l'antiquité, ornée de mosaïques byzantines, et revêtue de marbres diversement colorés. Je sais qu'on y trouve le plein cintre, la colonne corinthienne ; mais ce qui me frappe surtout, c'est qu'elle donne une impression d'harmonie et de sérénité facile, surprenante dans un édifice de cette époque. Où sont donc les affres de ce Moyen-Age tourmenté, saignant, flagellé, qui a couvert le Nord d'églises sombres, dans la période primitive, comme écrasées sous le poids des remords de l'humanité, plus tard élancées et tourmentées par le dédain de la terre et la recherche du ciel ?

A l'intérieur, des mosaïques blanches et noires, une mosaïque d'or représentant un sujet religieux, des vitraux de marbre transparent, imitant des plaques d'écaille, où l'on croirait voir des flamboiements fantastiques.

Sur une place en terrasse, dominant un panorama de Florence, s'élève le *David*, statue attribuée à Michel-Ange.

. . . .

Santa Maria del Fiore : la cathédrale. A l'extérieur, des marbres blancs, jaunes, noirs, rosés ; le campanile s'élance, habillé de statuettes, de médaillons, qui le transforment en une sorte de bijou monumental. Il présente un caractère de sérénité riante. L'église fut commencée par Arnolfo di Lapo, le campanile par Giotto. La coupole est l'œuvre de Brunelleschi. La façade est moderne. L'intérieur ne répond pas à l'extérieur, si luxueusement décoré. De grands murs dénudés, d'une vilaine teinte café au lait, voilà ce qui frappe au premier abord.

Mais les proportions de l'édifice, mettant des lointains au-dedans de cette église, la grandeur des perspectives constatée par le rapetissement des silhouettes humaines, l'immensité du vide, tout cela vous impose, et vous pénètre d'une impression religieuse. Derrière l'autel, un beau groupe en marbre, dont le Christ descendu de croix, forme le centre, son corps privé de vie s'affaissant par un mouvement frappant de vérité : c'est l'œuvre de Michel-Ange.

Le *Baptistère*, monument octogone, également recouvert de marbres blancs et noirs, s'élève sur l'emplacement d'un temple païen et possède les portes merveilleuses, ouvragées par Ghiberti, que Michel-Ange appelait les portes du Paradis. Ghiberti fut chargé de cette œuvre après un concours où figurait Donatello. Les deux autres portes, plus anciennes, sont de Giotto. Nous comtemplons longuement celles de Ghiberti : la multitude des scènes, la foule des personnages, cette vie et cette beauté coulées, fixées dans le bronze. Chaque détail : une attitude, un geste, un encadrement, a son prix, son charme, son cachet d'élégance ineffable. L'intérieur, blanc et noir comme l'extérieur, est tapissé de bas-reliefs en marbre, et vaguement illuminé du flamboiement d'or des mosaïques. Au XIIIᵉ siècle, époque à laquelle Lapo fut chargé de la restauration de cet édifice, il fut convenu qu'on emploierait tous les anciens matériaux, tous les anciens ornements, de sorte que l'on remarque au-dedans un mélange de styles, des colonnes dissemblables, des chapitaux différents, tandis que l'unité règne au dehors.

Sur la place, un petit coin de maison, une espèce de loggia, garnie d'une balustrade revêtue de marbre, sculptée et charmante : ce n'est qu'un détail de la rue, mais nous sommes à Florence.

. . . .

L'*Annonciade*, cloître décoré par Andréa del Sarto, le peintre exquis, ineffablement tendre et où se trouve la fresque célèbre de la Madonna del Sacco. C'est un rêve humain, qu'il évoqua sur les murs de ce cloître, entourant la cour silencieuse et recueillie. Car il veut bien représenter des sujets religieux, mais les personnages n'ont rien de surnaturel ; il se contente sans doute de faire un triage parmi ceux qu'il connaît ; il choisit les figures les plus belles et les plus séduisantes parmi celles qu'il rencontre et qu'il aime ; il n'impose pas, il charme délicieusement ; il ne rêve guère du paradis mystique, mais il se contenterait très bien des douceurs de la vie présente, surtout s'il pouvait les dégager des amertumes que renferme cette même vie, pour laquelle il est indulgent ; il s'attendrit en peignant ses madones et met en elles une nuance de coquetterie ; cependant, sa grâce désarme les plus austères ; il nous sourit, et il se fait aimer.

. . . .

Lung-arno : le fleuve coule entre les quais pavés de larges dalles, comme toutes les rues de Florence, et des maisons s'élèvent, bordant le pont, entre les arches duquel on voit passer l'eau jaune. Pas un brin de verdure. C'est d'un aspect très particulier, un peu mélancolique, avec quelque chose de renfermé.

Les Cascines : belle allée, animée d'équipages ; vue sur les montagnes. Lieu de promenade du monde élégant.

. . . .

Le soir. Rues dallées, étroites et désertes. Hautes maisons sombres, aux fenêtres grillées, d'où s'envole une chanson, un air de guitare ; tout cela baigné de clair de lune. La rêverie argentée de la nuit enveloppe Florence, les vieux palais, les loggie de marbre, fleuries et ciselées, les statues qui respirent. L'imagination peuple l'intérieur de ces murailles, en faisant revivre les anciens Florentins : les beaux jeunes gens arrogants et raffinés ; les jeunes filles aux yeux fins, un peu bridés, à la petite bouche bien serrée, à l'ovale délicatement arrondi, tout ce monde charmant à jamais évanoui, s'il n'était sculpté dans la pierre ou peint sur la toile.

Je pense aux vieux marbres dont la froide blancheur semble s'être dorée et échauffée d'un rayon de soleil, car ils ont des tons d'ambre, d'ivoire, presque de chair parfois. Et, la nuit comme le jour, tous vivent, frémissent, palpitent, se tordent, rêvent ou pleurent, enfermant toujours l'idée des grands maîtres.

Il est temps d'évoquer le Dante, Pétrarque, Michel-Ange, Léonard de Vinci, car leurs grandes ombres flottent sur nous, et c'est l'heure où les souvenirs des morts hantent le mieux nos rêveries, prompts à s'éveiller comme s'ils dormaient d'un sommeil plus léger dans le suaire bleuâtre du clair de lune.

II

Visite à la galerie Pitti. L'aspect extérieur du palais, les lourds blocs de pierre amoncelés qui composent cet édifice, évoquent à nos yeux une apparition d'architecture cyclopéenne. Nous regardons un lion en marbre, qui, décorant la façade, tient dans sa gueule une vasque du même marbre, sous laquelle apparaissent deux griffes puissantes. C'est un ornement cher aux Florentins. Et le lion est beau, la vasque élégante, et moi, je vais finir par en rêver de toutes ces griffes, qui s'enfoncent avec tant de fermeté, de hardiesse, de grâce noble.

J'ai parcouru le musée, je le parcours de nouveau, dans mes souvenirs cette fois, et voici ce que j'y retrouve le mieux : l'*Assomption*, la *Descente de Croix*, la *Sainte Famille*, d'Andrea del Sarto, avec le même charme tendrement humain chez tous les personnages, la même nuance de coquetterie douce chez les femmes.

Deux beaux portraits d'hommes, par Francia, admirables de simplicité sévère.

Deux portraits d'Andrea del Sarto, peints par lui-même, dont l'un surtout nous attache, faisant émerger de l'ombre une si gracieuse et poétique figure !

Plusieurs portraits de Raphaël, d'une beauté saisissante, d'un dessin parfait, d'une individualité largement accusée : celui du cardinal Inghamini, prélat tout rondelet, dont la main blanche et grasse se dispose à écrire, tandis que son œil semble chercher une inspiration en haut ; celui du cardinal Bibiena, maigre, distingué, avec des lèvres fines, un air de prélat grand seigneur, un je ne sais quoi marquant toute une nuance de scepticisme lettré ; le magnifique portrait de Jules II ; celui de Léon X, physionomie d'un caractère accentué, d'une rare puissance, la tiare enfoncée sur la tête avec un dédain superbe de toute recherche de coquetterie personnelle ; dans le fond, deux personnages à la figure expressive, au type profondément italien.

Une madone de Raphaël, représentée debout et tenant l'enfant Jésus, nous charme par une douceur ineffable, une idéale suavité, une simplicité céleste. Je l'aime mieux que la *Vierge à la Chaise*, en face de laquelle elle se trouve.

La *Marie Magdeleine*, du Pérugin : petite tête de jeune fille, regard de coin dans les jolis yeux bridés, petite bouche fine et délicieuse comme une fleur, cou adorablement jeune, avec des rondeurs de peau bien lisse, mains invraisemblablement fluettes, semblables à des mains d'enfant. Elle s'appelle Marie Magdeleine, parce qu'il a plu au peintre de la baptiser ainsi, mais elle n'a rien de commun avec la sœur de Marthe ; c'est une ravissante Italienne de l'époque, ingénument affinée, fleur de civilisation éclose au milieu des luttes, des crimes et des splendeurs. Et dire qu'il fallait peut-être tout cela : luttes, crimes, splendeurs, pour produire l'apparition de cette douce figure !

Un portrait de femme inconnue, par Léonard de Vinci. Nul ne sait son nom, ni ce qu'elle fut ; seule, sa physionomie nous reste et se pose devant nous comme une énigme. Elle n'est pas jolie, mais elle est distinguée, bizarre, avec quelque chose de plus ; personne ne doute qu'elle ait un caractère et une histoire. En tout cas, la voici, pâle, froide, impassible, dans sa robe de velours noir décolletée, qui laisse à nu les rondeurs délicates de l'épaule, tandis qu'un voile léger, descendant de la coiffure et jetant une ombre transparente, vient les caresser doucement comme un souffle. Ce détail seul a son charme, et les mains sont exquises.

Plusieurs Titiens admirables, entre autres la *Madeleine*, que ses cheveux roux enveloppent d'un voile d'or ardent et merveilleux, retenu sur la poitrine par une main charmante, aux bouts de doigts rosés. Les cheveux, n'est-ce pas le seul signe caractéristique de la beauté de Madeleine qui soit parvenu jusqu'à nous, dont la légende se soit emparée ? Et parce qu'ils ont esssuyé les pieds d'un Dieu, les peintres et les poètes se plaisent à les colorer des splendeurs de leur rêve.

Je me rappelle le tableau d'un vieux maître naïf, vu à Florence, dans je ne sais quel musée, où Madeleine s'élève vers le ciel, enveloppée de sa chevelure, qui semble immatérialiser son corps, en lui faisant un vêtement de lumière, de gloire et d'auréole.

La *Bella*, du Titien, dans le luxe et la magnificence de ses étoffes, est une belle créature, très parée, très contente de sa toilette, sans doute un peu vaniteuse.

Enfin, un portrait d'homme nous a longuement arrêtés. Il représente un grand seigneur, de mine noble et fière, mais sérieux jusqu'à la tristesse, dans son pourpoint de velours noir. Il est jeune cependant, il a les cheveux châtains, la barbe fine, la moustache légère, le nez aristocratique et long ; des yeux d'un bleu verdâtre et perlé, couleur d'Océan, froids comme l'acier, qui luisent sur tout le reste, vous saisissant, s'attachant à vous avec une intensité presque magnétique. C'est un des plus beaux Titiens.

Les *Parques*, de Michel-Ange ; *la Belle Simonette*, de Botticelli ; un *Portrait de Paul III*, par Paris-Bodeno.

Les peintres du Nord sont principalement représentés par Rubens, avec un groupe de quatre portraits d'hommes, saisissants de vie, dont on voit le sang couler sous la peau et animer le visage de ses roseurs, et dont les yeux brillent d'un éclair, qui fait songer au bien-être, au contentement, à la santé ; par Van Dyck, avec un portrait de cardinal, d'une distinction raffinée, d'une élégance aristocratique ; par Rembrandt, avec un beau portrait de lui-même, très crâne et légèrement effronté sous sa chevelure rousse.

Une immense galerie, traversant l'Arno et une partie de la ville, relie le palais Pitti au musée des Uffizi. Cette galerie fut construite à l'occasion du mariage de François, fils du grand duc de Toscane, Côme Ier, avec l'archiduchesse Jeanne d'Autriche. C'est le même qui, plus tard, aima et épousa Bianca Capello.

. . . .

Aux *Uffizi, la Tribune.*

La *Fornarina*, de Raphaël. On n'est pas sûr que cette œuvre soit de Raphaël, on est encore moins sûr qu'elle représente la Fornarina. Une femme au front bas, au nez fort, au cou robuste, nous apparaît, décolletée dans sa guimpe blanche, avec un manteau de fourrure jeté sur une épaule. Les sourcils sont rapprochés des yeux ; la main, vigoureuse et charnue, s'appuie sur la guimpe. Elle est belle, — parfaitement belle dans son genre de beauté masssive, — pas raffinée du tout, étrangement vivante sur la toile, avec la flamme qui s'allume dans son regard brun, avec la chaleur de son type méridional.

Une *Vénus couchée*, du Titien, étendue sur un lit drapé de vert sombre, montre la ligne onduleuse de son beau corps, qui s'enfonce mollement dans les coussins. Sa tête aux cheveux dorés est charmante, et le tout semble vivre dans la merveilleuse chaleur de tons qui caractérise cet ensemble.

Le beau *Saint-Jean*, de Raphaël ; du même, un magnifique portrait de Jules II ; la *Sybille*, du Guerchin, figure de femme intéressante et captivante ; la *Fuite en Egypte* et la *Vierge adorant l'Enfant Jésus*, dans les douceurs exquises du Corrège ; la *Sainte-Famille*, peinte par Michel-Ange ; une *Vierge et deux Saints*, du Pérugin, la Vierge avec une adorable expression de tristesse et de compassion ; un beau portrait de Francia ; l'*Adoration des Mages*, par Albert Dürer, d'un sentiment religieux intense.

La sculpture antique est représentée par un magnifique groupe de lutteurs et par la *Vénus* attribuée à Praxitèle. Que cette Vénus soit ou non l'œuvre de Praxitèle, tout le monde lui reconnaît la perfection des formes, le charme et la beauté du visage, de la grâce, de la grâce, encore de la grâce ; elle semble toute pétrie de grâce, de finesse, de séduction.

On sait qu'elle n'est pas imposante comme la *Vénus de Milo*, mais plus coquette, d'apparence plus douce et exquise dans sa perfection.

Ces trésors d'art sont réunis dans une pièce de dimensions restreintes, où l'on passerait bien des heures, où l'on voudrait souvent retourner.

Salles voisines : la *Calomnie* et la *Judith*, de Botticelli ; un portrait de femme par Léonard de Vinci, le magicien évocateur des âmes mystérieuses et compliquées. De Masaccio, portrait d'un vieillard, vêtu de blanc grisâtre. Avec une extrême sobriété de détails, cette tête nous apparaît, d'une expression intense, saisissante de vérité, tant pour nous le caractère individuel s'en dégage clairement. Une *Madone avec l'Enfant Jésus, Saint-François et Saint-Jean*, œuvre délicieuse d'Andrea del Sarto. Un beau portrait d'homme, par Angelo Bronzino. Une vierge ravissante, par Fra-Filippo Lippi, blonde, douce, simple, gracieuse, d'un type si suave ! Enfin, l'*Annonciation* et deux *Madones*, par Botticelli ; une autre *Annonciation*, par Léonard de Vinci.

Dans une salle plus éloignée, l'étonnant portrait de Lucrezia Pancratichi — fille d'un Médicis, je crois — par Angelo Bronzino.

Cette femme aux yeux d'acier, à la bouche pincée, aux traits longs et sévères, est vêtue d'une robe rouge, et frappe par son air d'orgueil, son expression de cruauté glacée. Il y a toute une nature dans cette œuvre.

Cette bouche a-t-elle souri ? Ces yeux ont-ils pleuré ? Jamais, sans doute. Les tendresses de la vie n'ont jamais eu prise sur une pareille créature ; il semble qu'elle verrait subir les plus affreux tourments sans qu'un éclair de compassion animât ce regard froid.

. . . .

Encore des cloîtres, de vieilles cours silencieuses, entourées d'arcades, au-dessus desquelles se découpe un morceau du doux ciel toscan, où s'épanouit un frais bouquet de verdure, parmi les apparitions argentées et vagues des fresques aux tons effacés, qu'on s'attend presque à voir s'envoler comme un rêve. Ces enfilades évoquent des enfilades bien plus longues d'heures monotones, qui vont se perdre dans le recul des siècles, avec le calme et la régularité d'un sablier. Et, comme si toutes les rêveries des cœurs apaisés par la méditation, dans l'obéissance et l'uniformité du couvent, avaient laissé derrière elles quelque influence mystérieuse pour endormir la douleur, il semble qu'un baume léthargique soit le privilège de ces asiles. Ce n'était pourtant pas à la porte d'un monastère florentin qu'un voyageur frappait, par un soir d'hiver, lorsque le frère tourier, effrayé de son visage, lui demanda : « Que cherchez-vous ? » et qu'il répondit : « La Paix ». Mais ce voyageur étranger était le plus grand des fils de Florence, puisqu'il s'appelait Dante.

Oui, l'on serait tenté de croire au magnétisme des choses, en ces lieux où l'on a beaucoup médité, beaucoup prié, où des vies d'hommes se sont renfermées, où des douleurs sont venues compter les dernières convulsions de leur agonie, où les oublis se sont accumulés sur les oublis.

Mais nous, qu'aucune vocation n'appelle, si nous rêvons ici le repos, même pendant une seconde, sommes-nous bien sincères !

. . . .

San Marco. Deux figures animent encore ce cloître par leurs souvenirs : celle de Fra Beato Angelico et celle de Savonarole.

Fra Angelico, l'être doux, naïf et mystique, a laissé sa pensée dans les peintures qui décorent une salle, des couloirs, des cellules, et qui sont empreintes de naïveté, de douceur et de mysticisme. C'étaient les épanchements, les tendresses de son âme religieuse, qu'il se plaisait à figurer, et, dans son ascétisme, il les enveloppait des richesses de ce monde, richesses dont il ne pouvait jouir ici-bas, mais dont il parait les promesses de l'Eternité !

. . . .

L'autre a son portrait dans une des deux cellules qu'il habita ; ce profil, d'une laideur bizarre et puissante, n'est pas facilement oubliable ; il se grave dans l'esprit avec netteté. Sous ces voûtes, dans ces longs corridors, sous les arcades du cloître paisible, a retenti cette voix qui fit trembler la Florence élégante et raffinée de Laurent-le-Magnifique. On a peine à croire que les échos du couvent n'en aient rien retenu. Mais des rêves ambitieux, des projets politiques, des plans de réforme, des fougueux anathèmes de ce moine, qui fut disciple de Saint-Thomas-d'Aquin, commentateur de textes sacrés, orateur, apôtre, prophète, républicain ardent, n'ayant jamais voulu s'incliner devant les Médicis, législateur de

Florence, ambassadeur auprès de Charles VIII, rien n'est venu s'écrire sur ces murailles à côté des pieuses rêveries du bon Fra Beato Angelico, dans leur charme ineffable de foi sincère et naïve. Le poète délicat et sceptique, le dilettante éclairé qu'était Laurent, au milieu de l'élite intellectuelle dont il s'entourait, ne manqua pas d'être troublé par les prédictions de Savonarole, puisque c'est de celui qui l'avait tant bravé qu'il voulut recevoir l'absolution à son lit de mort. Il est vrai que, même à ce moment, ils ne s'entendirent pas. Laurent mourut, son fils Pierre fut exilé, Savonarole put se croire arrivé à ses fins.

Et l'imagination se charge seule d'évoquer un tableau, mais il ne s'agit plus des suaves apparitions de Fra Angelico. Ce qu'elle voit, c'est la nuit tombant dans ces mêmes couloirs, dans ces mêmes cellules, après une journée de combat, un combat dont ce monastère était devenu le théâtre aux accents désolés de la grosse cloche qui sonnait le tocsin et qui fut détruite, elle aussi, pour expier ce crime ; les dominicains se défendaient courageusement contre l'assaut de leurs ennemis, mais la consternation régnait partout ; Savonarole, enlevé de force, fut enfermé dans une prison et condamné à être pendu et brûlé avec deux autres frères. Sa grande figure eut, pour le peuple, l'apothéose du martyre. Les cris, le désordre, l'effroi, l'attente ; puis, sur tout cela, l'ébranlement causé par la vibration de la cloche désespérée, et la nuit venant ajouter à l'horreur de ce drame..... Ensuite, les années ont apporté leur accumulation d'oubli.

Maintenant, Florence, dorée de soleil, embaumée de fleurs, a presque l'air de sourire à cette belle fin d'après-midi. Des fleurs ! Les rues en sont pleines, et déjà beaucoup sont fanées de celles qui brillaient le matin dans toute leur fraîcheur. Elles passent où tant d'autres choses ont passé ; seulement elles sont un peu plus brèves, bien peu cependant, car tout est relatif en ce monde, et la gouttelette de temps qui représente la vie d'une rose, va se perdre dans un Océan qui confond peut-être toutes ces durées...............
....

Eglise San-Lorenzo. Chaires délicieusement ouvragées par Donatello, exquise tribune de marbre, toute ciselée, véritable chef-d'œuvre de grâce et d'élégance. Dans la sacristie, un superbe tombeau de marbre rouge, orné de bronze, par Vérocchio ; fontaine et balustrade de marbre blanc, charmantes, sculptées par Donatello.

Le soir est venu ; parmi les passants se croisant ou se suivant, nous cherchons un type florentin, un type italien, mais pas un visage ne nous frappe. Une jeune femme, accompagnée de son mari, s'arrête devant un étalage, en face de la lumière. Celle-ci ne peut manquer d'être une vraie Italienne, car elle a réellement le type cherché. Mais, se tournant vers son compagnon, elle lui dit avec le plus pur accent : « Le restaurant dont on nous a parlé ne doit pas être loin. » C'est du français de France, il n'y a pas à s'y méprendre, et nous sommes désillusionnés.

Soudain, une vision fantastique vient saisir fortement notre imagination : deux files de pénitents, étrangement masqués par leur cagoule, s'égrènent d'une façon lugubre, à la lueur des torches qu'ils tiennent ; là-bas, on porte à bras quelque chose de doré, de fleuri, de peinturluré : un cercueil. Dans les ombres de la nuit, faiblement repoussée par ces torches, cela passe comme l'évocation d'un monde surnaturel très mystérieux et très effrayant, mais ce n'est qu'un enterrement ordinaire. Magasins et promeneurs, tout s'efface devant cette apparition : ces silhouettes de fantômes, éclairées de lumières rougeâtres, qui s'éloignent et vont se perdre et sur lesquelles plane une pensée comprise de tous les spectateurs indifférents, quels que soient leur langue et leur pays.

III

Visite aux primitifs du Musée des Beaux-Arts.

Un rêve de beauté encore empêtré des roideurs de la scolastique, mais attendrissant dans sa naïveté, sur les fonds d'or, parmi le jaspe et les pierreries que les maîtres anciens voyaient briller dans leurs visions du Paradis. Puis c'est un semis de têtes d'anges, ronds visages enfantins aux bonnes petites joues bouffies, si gentils, si calmes et si contents, pareils à des bambins très sages. Et les belles saintes coquettement coiffées, délicieusement parées de voiles légers, lesquels voiles semblaient idéaliser leurs cheveux en les enveloppant d'une buée transparente. Ce monde béatement heureux ou doucement mélancolique, sourit et prie sur la toile, dans la lumière des auréoles, aux sons des vieux instruments de musique. Souvent le ravissement des cantiques célestes paraît flotter sur ces personnages, et je me rappelle les vers charmants de Keats : « Les mélodies qu'on entend sont douces, mais plus douces sont celles qu'on n'entend pas ». Voilà ce que me suggèrent les songes de Fra Angelico, le bon moine naïf.

Des œuvres du Pérugin, entre autre deux admirables têtes de moines. Un dessin de Raphaël, représentant une madone, est d'une délicatesse, d'une suavité, d'une grâce ineffables. Des tableaux délicieux de Fra Filippo Lippi : une *Vierge à l'Enfant*, une *Adoration de l'Enfant Jésus*. Enfin, ce chef-d'œuvre, qui s'appelle *l'Allégorie du Printemps*, peint par Botticelli. Trois femmes blondes, dont l'une, particulièrement belle, se détourne un peu, laissant voir son profil, croisent, dans une ronde gracieuse, leurs jolies mains, dont les doigts jouent en s'entrelaçant. Leur nudité se voile de gaze et s'orne de perles. A quelques pas, un jeune homme cueille un fruit aux arbres. Vers le milieu de la toile, se tient une autre femme, au-dessus de laquelle un petit amour décoche un trait qui n'est autre qu'un brandon enflammé. Une admirable créature — sans doute la fée du Printemps — s'avance, portant des bottes de fleurs dans sa robe toute fleurie. Elle est parée d'une ceinture de roses, et des fleurs des champs s'entremêlent avec une grâce exquise dans les mèches blondes un peu folles de ses cheveux. Mais elle n'est pas gaie : elle a des yeux attirants et charmants, dans les profondeurs desquels demeure un rêve triste ; son adorable visage exprime une sorte de fatigue, qui ne résulte pas de son riant fardeau. Elle est ensorcelante et mystérieuse ; elle nous enchante et nous intrigue ; il fallait la complexité de la civilisation chrétienne, greffée sur le monde païen, pour produire ces figures d'une séduction si bizarre. Enfin, un monstre verdâtre, qui la suit — peut-être la Mort — apparaît dans un coin et saisit une jeune fille. Des enchantements et des poisons, voilà le printemps d'Italie, tel que le montre Botticelli.

Nous retournons au palais Bargello et nous admirons un ravissant bas relief de Luca della Robbia : les enfants chantant au lutrin, une ronde dans les tons dorés des beaux marbres florentins, tout cela plein de grâce et de vie.

On nous montre les objets de la collection Caran, encore non catalogués : des ivoires merveilleux, entre autres un immense éventail, qui date du IXe siècle ; un jeu d'échecs, du XIVe siècle ; des poudrières. Et nous avons un serrement de cœur en songeant que cette belle collection fut réunie par un Français qui, sous un prétexte politique, voulut la léguer à Florence, au lieu de la donner à quelque musée de France.

Eglise Santa-Croce. Sépultures de Dante, de Michel-Ange, de Machiavel. Fresques à peu près invisibles à cette heure de l'après-midi. Dans l'église même, deux magnifiques tombeaux de marbre, l'un en face de l'autre. Celui que nous regardons le premier représente une femme étendue, une draperie de velours damassé posée sur sa couche et retenue par des aigles. Les puissantes griffes de marbre reparaissent dans ce monument, qui est d'un effet superbe. Le second est tout ouvragé, ciselé, dentelé, d'un style exquis, d'une admirable décoration. Enfin, dans la sacristie, on voit le sépulcre, très touchant et très beau, d'une comtesse polonaise, représentée dormant le dernier sommeil.

. . . .

Encore le grand clair de lune bleu sur Florence.

Je pars, et je me penche à ma fenêtre, pour jeter un dernier coup d'œil à la rue calme. Des enfants y jouent ; les notes de leurs voix grêles montent jusqu'à moi ; ces accents italiens résonnent étrangement dans le silence du soir. C'est très simple, cette ruelle étroite, ces jeux, ces rires ; mais, comme je m'en vais, ces riens s'imprègnent pour moi de la solennité des choses finissantes, et voilà la dernière image que j'emporterai de Florence... Cependant, de ces musées, de ces chefs-d'œuvre, il me reste une impression ineffaçable de sérénité, car il est consolant de voir ce que notre pauvre race humaine fait surgir de ses misères et de ses luttes. Je me rappelle une phrase lue dans un article de M. France :

« L'homme tire tout de sa douleur, même son génie ! »

Florence, 24-28 avril 1890.

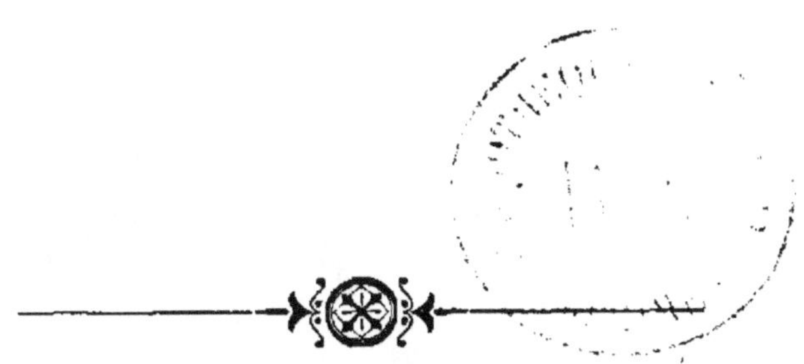